Une épitre philosophique

John Pordage

ISBN : 9798867932398

I.A. (Introduction Artificielle)

Ce texte a été traduit principalement à l'aide du site de traduction deepl.com et du site de reconnaissance de texte readcoop.eu, tous les deux utilisant l'I.A. Comme complément nous avons utilisé : Google traduction, pons.com, glosbe.com, translate.yandex.com, reverso.net ; et pour les parties en latin, gaffiot.fr.

TABLE DES MATIÈRES

Une épître philosophique approfondie sur la vraie et juste Pierre de la Sagesse[1] :

Dans laquelle le processus entier de l'œuvre philosophique, ou comment on doit commencer correctement
l'œuvre de la vraie renaissance, y progresser heureuse-
ment, et la mener à une fin parfaite et bienheureuse,
est minutieusement indiqué et développé.
Écrit par J. P. M. D.

Pour instruire et avertir une bonne âme qui, après
avoir cherché et creusé avec beaucoup de sérieux la
première Matière de cette magnifique Pierre de la
Teinture Divine, l'avait effectivement trouvée et
goûtée, mais qui, faute d'un amour suffisant, s'était
trop tôt imaginé la posséder pleinement pour parvenir
à un repos complet.

Il a été traduit de l'anglais et remis à tous ceux qui
sont impliqués dans ce processus, en guise d'avertisse-
ment et d'information.

Imprimé en l'année chrétienne 1698 et qui se trouve
à Amsterdam chez Henrich Wetstein.

---

[1] Traduit du livre allemand, *Ein gründlich philosophisch Sendschreiben
vom rechten und wahren Steine der Weissheit* (1698).

Une épître[2] philosophique de la vraie pierre de la sagesse, adressée à une âme qui la cherche avec sérieux, mais qui y cherche trop hâtivement son repos et sa joie.

Chère Madame.

Comme je sais que vous avez trouvé la Matière de la Pierre, et même la vraie Matière de la vraie Pierre de Sagesse, je me sens poussé et incité à vous envoyer ces quelques lignes pour votre réconfort. Or, la Matière, vous le savez, est de la Nature éternelle du Fils ; elle est l'essence et la substance de l'Amour divin ; elle est le Paradis des âmes ; elle est le Sang céleste de la Vierge ; elle est la Teinture céleste ; elle est la Semence de la Nature pure, qui a sa vie en elle-même ; elle est le Corps engrossé par lequel vous devenez capables de chanter en union des cantiques de louange et d'action de grâce à la Sainte Trinité. Mais ce

---

n'est pas assez, vous ne devez pas vous arrêter ici : car il n'y a pas encore de repos pour vous en ce lieu ; vous ne devez pas vous réjouir de ce que vous ayez la Matière du Grand Miracle, c'est-à-dire l'Huile de la Teinture Divine, qui est l'Entité divine, et que vous la connaissiez et que vous jouissiez de son premier effet. Alors je vais vous encourager davantage, et vous indiquer la manière de tailler et de façonner la Pierre, ou de la façonner en eau et en feu, ce qui est le miracle des miracles, et le secret des mystères, où se trouvent la vraie bénédiction et le bonheur de l'éternité. Après cela, enracinez-vous ardemment dans ce Feu-Amour, afin que, ayant trouvé en vous une Huile de Vie si précieuse, un trésor si précieux, et une Matière si divine, vous puissiez aller plus loin et apprendre la manière dont vous devez faire la composition de la Pierre, la façonner et la fixer ; ce qui vous permettra d'obtenir la connaissance des merveilles du monde éternel.

Croyez-moi, ce n'est pas une chose facile de faire la Pierre divine de puissance, même si nous avons déjà obtenu sa vraie matière, A. Pontanus[3] l'a pratiqué et essayé cinq cents[4] fois, après avoir déjà connu la vraie Matière dans laquelle il devait agir, et avant de pouvoir l'identifier, mais il n'a pas cessé d'essayer et de tenter jusqu'à ce qu'il l'ait obtenue. Que votre esprit vierge fasse de même, et qu'il ne se lasse pas de chercher la Perle jusqu'à ce qu'il l'ait trouvée.

La Matière, comme vous le savez, est la Terre Rouge, qui seule se trouve dans le Paradis ; elle est la Teinture Rouge, le Sang le plus pur et le plus doux de l'Humanité Vierge éternelle, ainsi appelée la Semence Vierge, la Nature Vierge, d'où la Vie Vierge, d'un Esprit Vierge, s'écoule de sa racine.

Le Four, c'est-à-dire le Four des Philosophes, était, comme vous le savez, un grand mystère ; ils en avaient deux, l'un dans l'autre. Le four extérieur est fait de ciment et de briques ; cependant, il est merveilleusement réalisé par

---

[3] Alchimiste (1515 – 1572)
[4] Dans le texte original de Pontanus « Épitre du feu philosophique », il est noté précisément *deux cents* fois.

l'Esprit du grand Monde et de ses Constellations ou Astres, et n'est autre que votre corps extérieur visible, composé des quatre éléments. Mais si, après avoir trouvé la Matière, vous ne faites pas la Pierre ou ne la façonnez pas avant que votre fourneau de terre ne se brise, il n'y aura aucun espoir pour que vous puissiez la façonner entièrement après que ce four extérieur se soit brisé.

Le Four intérieur, que les philosophes considéraient comme un grand Secret caché, était leur Bain Marie[5], une sorte de fiole de verre dans laquelle ils mettaient leur Matière, une substance et un être plus délicieux et plus précieux que le Monde entier. Ils décidèrent de les sceller avec le Sceau d'Hermès sous le verrou et la clef, afin que rien de la force de la matière ne puisse se consumer, et qu'aucune matière étrangère, si contraire à sa nature, ne

---

[5] Dictionnaire mytho-hermétique d'Antoine-Joseph Pernety (1758), BAIN MARIE : en termes de Science Hermétique, est le fourneau des Sages, le fourneau secret, et non celui des Chymistes vulgaires. On donne quelquefois ce nom au mercure philosophal. Ce qu'ils appellent *Bain* s'entend aussi d'une matière réduite en forme de liqueur, comme quand on veut faire la projection sur un métal, ils disent qu'il doit être au *bain*, c'est-à-dire en fusion.

puisse y pénétrer. Ce four sacré, ce Bain Marie, cette fiole de verre, ce four secret, c'est le Lieu, la Matrice, le Ventre Maternel, le centre d'où la divine Teinture jaillit, bouillonne et prend sa source. Je n'ai pas besoin de me souvenir du lieu ou de l'endroit où la Teinture a sa demeure et son séjour ni d'en donner le nom, mais je vous exhorte à ne frapper qu'au fondement. Salomon nous dit dans son Cantique des Cantiques que leur demeure intérieure n'est pas éloignée du nombril[6], qui est semblable à une coupe ronde remplie de la liqueur sacrée de la pureté de la Teinture.

Vous connaissez le Feu des Philosophes, c'était la clef qu'ils tenaient cachée : parce qu'ils croyaient et savaient que la connaissance de ce Feu était la clé du mystère, qui pouvait ouvrir toutes choses et révéler l'Œuvre en elle-même ; de sorte qu'il n'était demandé à l'Artiste rien d'autre que de l'application et de la vigilance. Le Feu est

---

[6] Le Cantique des Cantiques 7-2 : « Ton nombril est comme une coupe ronde, qui ne veut pas de liqueur ». Cf. également « *Aurora consurgens* » I, 19, Ch. XII.

l'Amour-Feu-Vie qui émane de la divine Vénus, ou Amour de Dieu, le feu de Mars est trop vif, trop tranchant et trop féroce, au point de dessécher et de brûler la matière : alors seul l'Amour-Feu de Vénus a les propriétés du vrai Feu.

Après cela, laissez-moi vous encourager et vous exhorter afin que vous soyez une chercheuse sérieuse. Réveillez votre volonté virginale afin de devenir l'une des véritables Artistes en quête ; car maintenant que vous connaissez et comprenez ces trois grands secrets qui permettent d'obtenir la Pierre, à savoir la vraie Matière, le véritable Four et le vrai Feu, voulez-vous conserver votre Talent ou votre Mine dans un linge[7], et être une servante inutile ? Que Dieu éloigne cela de vous ! Poursuivez-le plutôt afin de le connaître, et vous

---

[7] Il s'agit d'une référence à l'un des passages de la Bible, dans Luc 19 : 11-28, « La Parabole des Mines ». Dans cette parabole, des esclaves vont recevoir chacun une mine (soit 285 g d'Argent environ ; une mine équivalait à trois mois de salaire à l'époque). Tous firent fructifier cette somme, sauf un qui conserva sa mine dans un linge, par peur. Avec cette analogie au passage de Luc, John Pordage provoque sa « chère Dame », en lui mettant dans la balance, son talent pour la pratique de la pierre de la sagesse, ou bien continuer sa vie comme une *servante inutile*.

le connaîtrez ; allez le chercher, et vous le trouverez, car il est un don de Dieu accordé à ceux qui le cherchent sincèrement.

Vous voyez que le travail le plus difficile et le plus pénible est encore loin, et qu'il consiste dans la composition et le façonnage de la Pierre. Le trésor caché réside dans l'Accomplissement et l'achèvement de l'Œuvre. Mais pour composer cette Pierre céleste, vous avez dû apprendre la philosophie céleste ou divine, qui se terminera par la vraie Théologie : autrement, vous ne pouvez pas penser que vous ne finirez jamais l'œuvre philosophique dans votre four. La vraie Philosophie n'est pas la vaine et futile Philosophie lue dans les livres et enseignée par l'Art, pour laquelle Paul nous met en garde, mais elle consiste à connaître Dieu dans la pure Nature restituée, elle consiste à savoir et à connaître la manière dont la Divinité s'introduit et se produit dans chaque propriété de la Nature. Et cette vraie Philosophie vous incitera à découvrir la Sainte Trinité, qui est la vraie Pierre fixe que les Sages ont recherchée et explorée à travers les Âges.

Cette vraie Philosophie vous apprendra à vous connaître vous-mêmes, et si vous vous connaissez correctement, vous connaîtrez aussi la Nature pure, car la Nature pure est en vous-mêmes. Et si vous connaissez la Nature pure, qui est votre véritable identité, libérée de toute identité mauvaise et pécheresse, alors vous connaîtrez aussi Dieu, car la divinité est cachée et enveloppée dans la Nature pure, comme un cerneau dans une coquille de noix. La vraie Philosophie vous enseignera le juste mélange, elle vous enseignera la juste quantité en poids et en mesure, ce qu'il faut ajouter et ce qu'il faut en retirer. La vraie Philosophie vous enseignera ce qui se conçoit et se comprend par la Descente et par l'Ascension, ce qui se conçoit et se comprend par la Distillation, ce qui se conçoit par la Sublimation, et ce qui se conçoit par la Circulation de la Matière ; car les anciens Philosophes exprimaient leurs secrets par des mots et des manières de parler peu raffinés. La vraie Philosophie vous apprendra qui est le Père et qui est la Mère de cet enfant magique. De même, quels sont la Nourriture et le Séjour par lesquels vous devez le nourrir et l'entretenir ? Il en va de même pour les Couleurs que cette noble Pierre doit revêtir avant d'être façonnée, préparée et identifiée. Vous verrez ici que la fin de son Œuvre est la Couronne et la Gloire : continuez-donc, et que le Seigneur bénisse l'Œuvre commencée dans votre Âme.

Et comme vous êtes une jeune Artiste dans l'Œuvre, je vais vous donner un procédé pour y parvenir, de sorte que, lorsque vous labourerez avec mon veau[8], vous comprendrez mon énigme, et pas autre chose.

Le Père de cet enfant est Mars, il est le Feu-Vie qui émane de Mars, en tant que qualité du Père. Sa mère est Vénus, qui est le doux Feu-Amour, et qui émane de la qualité du Fils.

---

[8] Expression allemande : *Mit fremdem Kalbe pflügen*, Labourer avec le veau d'autrui ; laisser les autres faire quelque chose pour soi, profiter de ce qu'un autre a trouvé, se parer des plumes d'autrui. L'expression est d'origine biblique. Dans le livre des Juges, au chapitre 14, l'énigme de Samson est résolue par ruse, ce qui fait dire à Samson au verset 18 : « Si vous n'aviez pas labouré avec mon veau, vous n'auriez pas rencontré mon énigme ». Elle correspond à l'anglais « to plough with another man's heifer » ; au français « labourer avec la génisse d'autrui » (vieilli) ; source : https://idiome.de-academic.com/1412/Kalb.

Vous verrez ici le Mâle et la Femelle, l'Homme et la Femme, l'Épouse et l'Époux, les premières Noces ou Mariages en Galilée[9] (Retournement, retour, repentir et pénitence), dans les caractéristiques et les formes de la Nature ; qui se produisent entre Mars et Vénus, lorsqu'ils reviennent de leur état de Chute. Mars, ou l'Époux, dois devenir un Homme divin, sinon la pure Vénus ne l'épousera pas ni ne le prendra dans le saint Mariage. Vénus doit devenir une vierge pure, une femme vierge, sinon Mars, jaloux et furieux, ne la mariera pas dans le feu de la colère et ne vivra pas en union avec elle ; au lieu de l'unité et de l'harmonie, il n'y aura que querelle, jalousie, discorde et inimitié parmi les qualités de la Nature ; s'il n'y a pas d'union entre eux, il ne peut y avoir de mariage ; et s'il n'y a pas de mariage entre eux, il ne peut pas y avoir de conception. Et s'il n'y a pas de conception, il n'y a pas d'animation, et s'il n'y a pas d'animation, il n'y a pas non plus la naissance de

---

[9] En référence aux Noces de Cana en Galilée.

cet enfant magique, et il ne peut y avoir de Pierre, et donc tout le Travail est perdu.

Si donc vous avez l'intention de devenir une Artiste érudite, cherchez sérieusement à unir votre propre Mars et votre propre Vénus, afin que le lien conjugal soit bien tissé et que le mariage entre eux s'accomplisse véritablement. Vous devez veiller à ce qu'ils soient ensemble dans le lit de leur union et qu'ils vivent dans une douce harmonie, car la Vierge Vénus donnera sa Perle, son Esprit-Eau, pour apaiser l'Esprit-Feu de Mars, et la Colère-Feu de Mars s'enfoncera dans l'Amour-Feu de Vénus avec amour et douceur, et ainsi les deux Natures, le Feu et l'Eau, se mêleront, s'uniront et s'écouleront l'une dans l'autre ; de l'unité et de l'union desquels va naître et se développer la première conception de la naissance magique, que l'on appelle Teinture, la Teinture-Amour-Feu. Et même si la Teinture a été conçue et amenée à la vie dans le Ventre Maternel de votre Humanité, il y a encore un grand danger et il est à craindre que, parce qu'elle est encore dans le Corps ou dans le Ventre Maternel, et avant qu'elle ne soit amenée à temps et à bon port, qu'elle puisse encore être perdue. Après cela, vous devez vous mettre en quête d'une bonne nourrice, qui sache bien s'occuper de votre enfant et le soigner comme il faut.

En outre, vous devez entretenir la Teinture uniquement, avec un nutriment ou une nourriture, et un breuvage conforme à sa qualité et qui lui est propre : elle doit donc être entretenue uniquement avec le nutriment de sa propre Mère, c'est-à-dire avec l'Eau de Vie, avec le Lait, avec la Teinture céleste, et avec le Sang céleste qui jaillit des mamelles de la Vierge Vénus : car si vous voulez la nourrir à partir de Mars, ce nutriment est trop âpre et trop amer, trop aigre et trop piquant, il est comme un poison et une mort pour la tendre Teinture de Vie, et le Feu-Colère de Mars étouffera et tuera le tendre enfant dans le Corps de L'Humanité ; tandis que le Feu-Amour de Vénus le nourrira puissamment, le fortifiera pour la vie, le fera croître et grandir. Et si vous prenez soin de la délicate Teinture de Vie, si vous ne lui donnez rien qui soit contraire à sa Nature, mais que vous l'entreteniez uniquement avec ce qui lui est agréable, vous verrez le petit enfant grandir et se développer joliment. Mais ici, il faut être vigilant et veiller à ne plus irriter la Teinture. Si l'enfant n'a pas de quoi être contrarié, faites preuve de bonté et de bienveillance à son égard, traitez-le avec bienveillance et tendresse, et ne faites rien qui soit contraire à sa pure Nature. Car vous le ferez beaucoup souffrir et endurer sous une autre forme, au risque d'infecter et de faire périr le tendre Enfant de Vie, ou de détruire par négligence la Semence virginale, après qu'elle a été reçue, conçue et rendue vivante.

Mais après que vous aurez fortifié la Semence virginale de Vénus en la nourrissant avec soin, et que vous l'aurez nourrie et entretenue tous les jours avec le Lait virginal et le Sang virginal, afin qu'elle soit assez forte pour supporter une nourriture plus solide, il faut que l'Enfant, cette Vie tingeante, soit confrontée, éprouvée et tentée dans les particularités de la

Nature ; c'est alors que surviendront à nouveau de grands soucis et de grands dangers ; il est à craindre que, le Corps et le Ventre Maternel, soient endommagés par la Tentation et vous empêchent d'accoucher. Car c'est ici que la délicate Teinture, le tendre Enfant de Vie, doit descendre dans les formes et les particularités de la Nature, afin de souffrir, d'endurer et de résister à la Tentation ; il doit nécessairement descendre dans les divines ténèbres, dans le ténébreux Saturne, où l'on ne voit aucun amour de la vie : là-bas, il doit être retenu prisonnier et lié par les chaînes des ténèbres, et vivre de la nourriture que lui donnera le Mercure piquant, qui ne sera rien d'autre que de la poussière et de la cendre, du fiel et de la bile, du feu et du soufre, pour la divine Teinture-Vie. Il faut qu'il entre dans l'ardente colère de Mars, par laquelle il sera englouti (comme Jonas l'a été dans le Ventre de l'Enfer[10]), et qu'il subisse la malédiction de la colère de Dieu ; il faut aussi qu'il soit Tenté

---

[10] Matthieu 12-40 : « Car, de même que Jonas fut trois jours et trois nuits dans le ventre d'un grand poisson, de même le Fils de l'homme sera trois jours et trois nuits dans le sein de la terre. »

par Lucifer et par des Millions de Démons qui
habitent dans l'enceinte du Feu de la colère.
Et c'est ici que le divin Artiste voit dans cet
ouvrage philosophique la première couleur
dans laquelle la Teinture apparaît désormais
dans sa noirceur, c'est la plus noire des noirceurs ; les savants Philosophes l'appellent
leur corneille noire, ou leur corbeau noir, ou
encore la noirceur bénie et bienheureuse ; car
c'est dans les ténèbres de ces noirceurs que se
cache, par la nature de Saturne, le venin des
amants ; et c'est dans ce venin et ce fiel que se
cache, dans Mercure, le plus délicieux remède
contre le poison, la Vie de la Vie : et dans la
fureur ou la colère, et la malédiction de Mars,
est cachée la Teinture bénie.

Ici, l'Artiste craint d'avoir perdu tout son
Travail. Qu'est devenue la Teinture ? Il n'y
a rien ici qui puisse être vu, reconnu ou goûté,
si ce n'est les ténèbres, si ce n'est la mort la
plus pénible, si ce n'est un feu infernal et an-
goissant, si ce n'est la colère et la malédiction
de Dieu, mais vous ne voyez pas, que dans

cette Putréfaction ou Dissolution et Destruc-
tion de la Teinture est la Vie, qu'ici, dans ces
Ténèbres est l'Amour, que dans cette Mort
est la Vie, que dans cette Fureur et Colère est
l'Amour, et que dans ce Poison est la plus
haute et la plus précieuse Teinture et Méde-
cine contre tous les poisons et toutes les ma-
ladies.

Les anciens Philosophes appelaient cette
œuvre ou ce travail, leur Descente, leur Ciné-
risation[11], leur Pulvérisation, leur Mort, leur
Putréfaction de la matière de la Pierre, leur
Corruption, leur *Caput Mortuum*[12]. Il ne faut
pas mépriser cette noirceur, ou cette Couleur
noire, mais la supporter à l'intérieur, dans la
patience, dans la douceur et dans le silence,
jusqu'à ce que ses quarante jours de Tentation
soient passés, jusqu'à ce que les jours de ses
souffrances soient accomplis, alors la Semence
de Vie s'éveillera elle-même à la Vie, ressus-

---

[11] Du Latin CINERARIUS : qui a rapport aux cendres.
[12] Latin : Tête Morte. Dictionnaire mytho-hermétique, « Par les
opérations de la Chimie vulgaire on extrait de chaque mixte quatre
choses, un esprit, une eau flegmatique, une huile, & une terre appelée *caput mortuum*, ou tête morte. »

citera, se sublimera ou se glorifiera, se changera elle-même en blanc, se purifiera et se sanctifiera, se rendra elle-même Rouge, c'est-à-dire se transfigurera et se fixera. Puis, lorsque l'Œuvre est ainsi menée à bien, elle devient un travail facile : car les savants Philosophes disaient que la fabrication de la Pierre était alors un Travail de Femme et un Jeu d'Enfant. De sorte que si la volonté humaine est laissée en suspens, silencieuse et comme une chose morte, alors la Teinture fera tout en nous et pour nous ; lorsque nous aurons cessé de penser, de bouger et d'imaginer, ou que nous serons en train de nous reposer. Mais combien cette Œuvre est difficile, dure et amère pour la volonté humaine, jusqu'à ce qu'elle puisse être amenée à cette forme, pour qu'elle puisse ainsi se tenir immobile et sereine, lorsque tous les Feux sont relâchés pour la regarder, et que toutes les sortes de tentations se précipitent sur elle !

Comme vous le voyez, il y a ici un grand danger, et la Teinture de Vie peut très facilement être négligée, et le Fruit gâté dans le ventre de sa mère, s'il est ainsi entouré et disputé de tous côtés par tant de Démons, et par tant d'Essences tentatrices. Mais si elle peut supporter ou surmonter ce Feu-Epreuve et cette lourde Tentation, et en remporter la victoire, alors vous verrez apparaître le début de sa Résurrection de l'Enfer, du péché, de la mort et du tombeau de la mortalité, et cela d'abord en la personne de Vénus : car alors la Teinture de Vie sortira avec force de la prison du sombre Saturne, de l'enfer du venimeux Mercure, et de la malédiction et de la mort pénible de la colère de Dieu lui-même, qui brûle et flambe en Mars, et le doux Amour-Feu prendra le dessus dans la qualité de Vénus, et la Teinture-Feu-Amour aura la préférence et la suprématie dans la gouvernance.

La douceur et le Feu-Amour de la divine Vénus règnent ici en maîtresse et reine et sur toutes les créatures. Il n'en reste pas moins que l'Œuvre de la Pierre risque d'échouer. C'est pourquoi l'Artiste doit encore attendre jusqu'à ce qu'il voie la Teinture revêtue de sa Couleur blanche et de son blanc le plus pure, ce qu'il s'attend à voir après une longue patience et un long silence, et qui apparaît réellement lorsque la Teinture s'élève dans sa qualité Lunaire : la Lune donne à la Teinture une belle blancheur, voire la couleur blanche la plus parfaite, et un éclat lumineux. Et voici que les ténèbres sont changées en Lumière, et la mort en vie. Et, au-dessus de cette blancheur éclatante, le cœur de l'Artiste s'emplit de joie et d'espoir que l'Œuvre se soit si bien déroulée et ait si bien réussie. Car la couleur blanche révèle désormais à l'Ame-Œil illuminé la Pureté, l'Innocence, la Sainteté, la Simplicité, l'Unité de volonté, la Céleste disposition, la Piété et la Justice, grâce auxquelles la Teinture est désormais revêtue sur toute sa surface, comme d'un vêtement : elle est claire comme la Lune, belle comme l'Aurore. Désormais, la divine virginité de la Vie tingeante apparaît, et l'on ne voit plus en elle ni tache, ni ride, ni aucun défaut.

Les anciens appelaient cette Œuvre, leur Cygne Blanc, leur Albification, ou Blanchiment, leur Sublimation, leur Distillation, leur

Circulation, leur Purification, leur Séparation, leur Sanctification, et leur Résurrection ; car la Teinture est rendue blanche
comme un Argent brillant ; elle est sublimée
ou élevée et transfigurée par sa descente fréquente dans Saturne, Mercure et Mars, et par
sa remontée fréquente dans Vénus et la Lune.
C'est sa Distillation, son Bain Marie : parce
qu'en Distillant plusieurs fois l'Eau, le Sang
et la Rosée céleste de la Divine Vierge Sophia, la Teinture est purifiée dans les qualités
de la Nature, et, par la circulation multiple de
l'entrée-sortie et du passage des qualités et
des formes de la Nature, elle est rendue
blanche et pure comme le blanc poli clair et
brillant de l'argent. Et ici, toute l'impureté
des noirceurs, toute la mort, l'enfer, la malédiction, la colère et tout le poison qui s'élè-
vent des qualités de Saturne, Mercure et Mars,
sont séparés et isolés, c'est pourquoi ils l'appellent leur Séparation, et lorsque la teinture
de Vénus et de la Lune atteint sa blancheur et
sa splendeur, ils l'appellent leur Sanctification, leur Purification et leur Blanchiment.

Ils l'appelèrent leur Résurrection, parce que la blancheur sort ici de la noirceur, et la Virginité et la Pureté divine du poison de Mercure, et de la fureur et de la colère rouge et ardente de Mars. Ici, la Peur et l'Espoir se mêlent dans l'Esprit de l'Artiste. Parfois, il craint que l'Œuvre ne lui échappe et qu'il ne se trompe ; mais bientôt il reprend courage et espère que cela n'arrivera pas, mais que l'issue sera heureuse, et il veille alors avec tout le soin et l'application possibles à voir la couleur Jaune qui se lève dans la création de Jupiter ; c'est dans Jupiter que la couleur blanche de la Lune se transforme en une couleur Jaune brillant. La Lune dans la Blancheur a donnée à la Teinture de Vie une essence et un corps blanc ; la Jaune dans Jupiter montre qu'elle a été animée d'une Âme nouvelle, et qu'elle a reçu une vie, dans le Corps et le Ventre Maternel, d'une Nature éternelle. C'est là que l'Artiste s'intériorise et que l'aveugle voit ; que les sourds entendent, que les muets parlent, que les morts ressuscitent, que les tristes sont changés en joie.

Maintenant que la Teinture de Vie de la Lune a été fécondée par un corps et animée d'une Âme vivante par Jupiter, l'artiste se réjouit de l'apparition d'une vie joviale, divine, joyeuse, étincelante, tingeante ; cependant, il a encore des raisons de craindre que la naissance de la Teinture ne soit pas encore parfaitement établie, et qu'il lui manque encore quelque chose. Car si Dieu s'est bien fait Homme dans les attributs de la Nature, l'Homme ne s'est pas encore fait Dieu ou divinisé dans les attributs de la Nature. La Teinture de Vie manque encore de l'Esprit saint pour monter sur son Char. C'est ainsi qu'elle travaille à la Fixation du Soleil en elle-même ; le Soleil donne à la Teinture l'Esprit, il donne à la Teinture la Couleur, la Fixation et la Perfection. La Couleur que donne le Soleil est une couleur carmin écarlate, un rouge-grenat profond ou semblable à l'Or bruni brillant, ou à l'éclat clair des rayons du Soleil, ou encore au Sang de couleur rose. C'est la Couleur solide et stable de la Teinture que lui donne le Soleil, c'est l'éclat majestueux et la couleur lumineuse, semblable à l'éclat des rayons du Soleil, ou à l'Or pur bruni. Et ici, toutes les Couleurs sont transformées et englouties dans cette Couleur unique, parce qu'elle est la Couleur permanente immuable.

La Pierre est maintenant fixée, l'Élixir de vie préparé, l'Enfant chéri ou l'Enfant de l'amour est né, la Nouvelle naissance est accomplie, et l'Œuvre est entièrement et parfaitement achevée. Adieu la Chute, l'Enfer, la Malédiction, la Mort, le Dragon, la Bête et le Serpent ! Bonne nuit la Mort, la Crainte, le Chagrin et la Misère ! Car maintenant, la Rédemption, le Salut et le Rétablissement de tout ce qui était perdu se retrouveront de l'intérieur et de l'extérieur ; car vous avez maintenant le grand Secret et le Mystère du monde entier ; vous avez la Perle de l'Amour ; vous avez cette Essence immuable de la Joie divine, d'où vient toute vertu qui guérit et toute puissance qui multiplie ; et d'où émane réellement la Puissance agissante du Saint-Esprit. Vous avez la Semence-Féminine, qui

a écrasé la Tête des Serpents. Vous avez la Semence de la Vierge, la blancheur et la rougeur,
le Lait de la Vierge et le Sang de la Vierge en
une seule Essence et Qualité.

Ô miracle des miracles ! Vous avez la Teinture tingeante, la Perle de la Vierge, qui a
trois essences ou qualité en une seule : elle a
un Corps, une Âme et un Esprit, elle a le Feu,
la Lumière et la Joie, elle a la qualité du Père,
elle a la qualité du Fils, et elle a aussi la qualité
du Saint-Esprit, toutes trois dans une Essence
et un Être fixes et permanents. C'est le Fils
de la Vierge, c'est votre Premier-né, c'est le
Noble Héros, le Tueur du serpent, celui qui
jette le Dragon sous ses pieds et l'écrase. Les
anciens Philosophes l'appellent leur Lion
blanc et leur Lion rouge[13]. L'Écriture l'appelle le Lion de la maison d'Israël, de Juda et
de David.

---

[13] Dictionnaire mytho-hermétique d'Antoine-Joseph Pernety,
LION ROUGE : Les Philosophes Spagyriques appellent ainsi la
matière terrestre & minérale qui demeure au fond du vase après la
sublimation des esprits qui en sont sortis, & qu'ils appellent *Aigles*.
Ce Lion rouge est aussi ce qu'ils nomment *Laton*.

Et ainsi vous voyez où la vraie Philosophie vous conduit ; c'est-à-dire dans un Corps divin, dans lequel vous trouverez la Vie de la Divinité enveloppée dans la Nature pure, où vous reconnaîtrez Dieu dans la Nature. Le Paradis est maintenant retrouvé dans la Nature, les six jours de labeur des Âmes sous la malédiction ont atteint leur fin et sont maintenant entrés dans le Repos de la Perfection parfaite : en effet, parce que la fixation est née, il y a une Vie parfaite, sans aucune ombre de changement ; c'est un jour sans nuit, une joie perpétuelle sans tristesse ; une vie ininterrompue sans mort : car maintenant l'Homme-Paradis est transparent, comme un verre translucide dans lequel le Soleil divin brille de part en part, comme de l'or qui est absolument clair, pur et limpide, sans tache ni défaut. L'Âme est désormais un Ange séraphique confirmé, elle peut se faire Médecin, Théologienne, Astrologue, Magicienne divine, elle peut faire d'elle ce qu'elle veut, et avoir ce qu'elle veut : car toutes les qualités n'ont qu'une seule volonté dans l'Unité et l'Harmonie. Et cette même volonté Unique est la volonté éternelle et infaillible de Dieu : et maintenant l'Homme divin est devenu un avec Dieu dans sa propre nature.

Si vous ne me comprenez pas, alors ne jugez pas non plus les choses que vous ne comprenez pas. Ne jugez rien à l'avance, car le Juge est à la porte. Il me suffit que vous sachiez et compreniez ce que j'ai écrit ici, et que vous sachiez que c'est par pur amour pour vous. Il y a pourtant bien peu de choses que vous puissiez reconnaître et apprécier, c'est le fait qu'une autre personne ait révélé et goûté la Teinture en elle-même, et que cette autre personne l'ait identifiée et perfectionnée dans son Œuvre, dans toute et chacune des caractéristiques de la Nature. C'est ainsi que mon Amour pour vous restera intact :

Votre Co-artiste dans la recherche de la vraie Pierre de la Divine Sagesse.

John Pordage

Au sujet de John Pordage

Tiré de l'ouvrage : *Bibliotheca Chemica* : Un catalogue de livre d'alchimie, de chimie, de pharmacie dans la collection du regretté James Young of Kelly et Durris, Esq., F.R.S., F.R.S.E. par John Ferguson, Volume 2. Glasgow. James Maclehose and Sons. Publisher to the University. 1906.

PORDAGE (John)

Son nom prend des formes étranges, par exemple Poodetsch, Pordaedsche, dans d'autres langues, pour des raisons phonétiques. Il était le fils d'un épicier de Londres, où il est né en 1607. Il a prêché à Reading et, en 1647, a été recteur de Bradfield, qui appartenait à Ashmole[14].

Il en fut expulsé par les commissaires pour cause de relations avec les mauvais esprits, de blasphème, d'ignorance, de diabolisme et de comportement scandaleux. Contre ces accusations, il rédigea une défense : *Innocency appearing*[15], mais elle ne produisit aucun effet.

---

[14] Elias Ashmole (1617 - 1692) était un antiquaire anglais, homme politique, officier d'armes, astrologue et un étudiant en alchimie.

[15] *L'innocence apparaissant* à travers les sombres brumes d'une prétendue culpabilité : ou, Une narration complète et véridique des procédures injustes et illégales des commissaires de Berks (pour expulser les ministres scandaleux et insuffisants) envers John Pordage de Bradfield dans ce même comté. Dans laquelle il est justement défendu contre les injustes et horribles accusations de blasphème, de diabolisme ou de nécromancie, de scandale dans sa vie, et de toutes les autres choses que ses ennemis ont faussement objectées contre lui. Publié pour éclairer la vérité, déceler la malice et la subtilité, et prévenir toutes les appréhensions que pourraient susciter des pamphlets scandaleux et de fausses relations sur les procédures engagées dans son cas. De même, pour l'information

Pordage reconnut avoir été attaqué par des esprits malins, même si l'accusation de comportement scandaleux se révéla infondée.

Mais les accusations furent renouvelées, de nouvelles furent ajoutées, et Pordage fut attaqué sans relâche par Christian Fowler, qui, selon Wood, était devenu fou. Wood dit que ce dernier avait perdu la tête. Ces procès durèrent de 1651 à 1655, et à la fin, il dut démissionner de Bradfield.

Il fut par la suite réintégré et y vécut plusieurs années. En 1663, il fit la connaissance de Mme Jane Lead, ou Leade, et ils étudièrent ensemble les œuvres de Boehme, tout en étant membres de la *Philadelphian Society*. Il mourut en 1681. Il a écrit quelques livres de théologie mystique, mais qui n'ont rien à voir avec l'alchimie. Son *Theologia mystica*[16] et son *Sophia* ont été traduits en allemand et publiées à Amsterdam en 1698 et 1699.

---

de tous les chrétiens raisonnables sur son jugement dans beaucoup de choses de haute importance, et particulièrement en ce qui concerne la chasteté, la virginité, les apparitions d'esprits, les visions, la communion avec les saints anges, les mondes invisibles, la magistrature (1655).

[16] *Theologia Mystica oder geheime und verborgne göttliche Lehre von den ewigen Unsichtbarlichkeiten* (1698); l'ouvrage contient une préface de Jane Leade.

Printed in Great Britain
by Amazon